BEI GRIN MACHT SICH IHR WISSEN BEZAHLT

- Wir veröffentlichen Ihre Hausarbeit, Bachelor- und Masterarbeit

- Ihr eigenes eBook und Buch - weltweit in allen wichtigen Shops

- Verdienen Sie an jedem Verkauf

Jetzt bei www.GRIN.com hochladen und kostenlos publizieren

Bibliografische Information der Deutschen Nationalbibliothek:

Die Deutsche Bibliothek verzeichnet diese Publikation in der Deutschen National-
bibliografie; detaillierte bibliografische Daten sind im Internet über http://dnb.d-
nb.de/ abrufbar.

Impressum:

Copyright © 2016 GRIN Verlag, Open Publishing GmbH
Druck und Bindung: Books on Demand GmbH, Norderstedt Germany
ISBN: 9783668567801

Dieses Buch bei GRIN:

http://www.grin.com/de/e-book/378740/nutzenargumentation-value-proposition-
anhand-der-start-up-idee-senior

Anonym

Nutzenargumentation (Value Proposition) anhand der Start-up Idee "Senior Aid". Altersgerechte Assistenzsysteme für ein selbstbestimmtes Leben. Industrial Internet of Things Lösung (IIOT)

GRIN Verlag

GRIN - Your knowledge has value

Der GRIN Verlag publiziert seit 1998 wissenschaftliche Arbeiten von Studenten, Hochschullehrern und anderen Akademikern als eBook und gedrucktes Buch. Die Verlagswebsite www.grin.com ist die ideale Plattform zur Veröffentlichung von Hausarbeiten, Abschlussarbeiten, wissenschaftlichen Aufsätzen, Dissertationen und Fachbüchern.

Besuchen Sie uns im Internet:

http://www.grin.com/

http://www.facebook.com/grincom

http://www.twitter.com/grin_com

Nutzenargumentation (Value Proposition) am Beispiel von Senior Aid

Arbeit zum Masterseminar
"Industrial Internet of Things (IIOT)"

Master of Science (B.A.)
2. Semester

Abgabetermin: 16.08.2016

Zusammenfassung

Das Internet der Dinge erregt derzeit nicht nur in der Welt der Informationstechnologie hohe Aufmerksamkeit. Das Industrial Internet of Things (IIOT) verbindet die physische Welt der Sensoren, Geräte und Maschinen mit dem Internet und generiert durch tiefgehende Analysen und Software Anwendungen neue Erkenntnisse und Intelligenz aus der riesigen Datenmenge (Daugherty and Berthon, 2015). Die physische Welt verschmilzt mit der digitalen Welt und prägt die Art und Weise wie und was Industrieunternehmen in Zukunft produzieren werden. Senior Aid stellt eine IIOT-Lösung für einen deutschen Industriekonzern dar, welche sich mit der Problematik der alternden Bevölkerung und ihrem Wunsch nach selbstbestimmtem und sicherem Wohnen in den eigenen vier Wänden, beschäftigt. Das IIOT bietet Unternehmen nahezu unbegrenzte Vorteile, wie beispielsweise verbesserter Wettbewerbsbedingungen sowie Unternehmenswachstum. Um diese Mehrwerte aus dem IIOT zu generieren, müssen neue Geschäftsmodelle entwickelt werden. Trotz der Relevanz dieses Themas in der Praxis ist aktuell kein einheitliches systematisches Framework der Geschäftsmodellerstellung vorhanden. Nach Teece (2009) lässt sich anhand von Geschäftsmodellen darstellen, wie ein Unternehmen für sich und für den Kunden Werte schafft. Die folgende Arbeit konzentriert sich auf die Wertschöpfung des Unternehmens für ihre Kunden. Die Arbeit gliedert sich in zwei Fragestellungen: Welche Komponenten beinhalten die gängigen Theorieansätze der Geschäftsmodellabbildung bzgl. der Value Proposition? Wie stiftet Senior Aid Nutzen für ihre Kunden? Dabei werden vier in der Theorie und Praxis anerkannte Geschäftsmodellabbildungen als Herangehensweise zur strukturierten Beschreibung und Konzeption der Value Proposition eines Unternehmens vorgestellt. Diese vier Ansätze werden anhand eines Beschreibungsrasters analysiert und miteinander verglichen, um die Value Proposition Senior Aids anhand eines der vier Frameworks anschließend vorzustellen.

Inhaltsverzeichnis

Abbildungsverzeichnis

Tabellenverzeichnis

Anhangsverzeichnis

Abkürzungsverzeichnis

IIOT   Industrial Internet of Things

bzgl.   bezüglich

bspw.   beispielsweise

1 Einleitung

Senior Aid rettet Leben – Mit dem Senior Aid Armband ermöglichen wir Ihnen ein längeres selbstbestimmtes Leben in den eigenen vier Wänden – Team Senior Aid, August 2016

Wer hilft mir, wenn ich einen Notfall in meinen eigenen vier Wänden habe und selbst nicht mehr in der Lage bin Hilfe zu rufen? In Zukunft werden sich immer mehr alleinlebende ältere Menschen diese Frage stellen. Der demographische Wandel hat Deutschland fest im Griff. Bei gleichzeitig niedriger Geburtenrate und der stetig steigenden Lebenserwartung verändert sich die Altersstruktur in Deutschland drastisch. Lebten im Jahr 2013 4,4 Millionen (5 %) 80-Jährige in Deutschland, prognostiziert das statistische Bundesamt für das Jahr 2060 bereits 9,0 Millionen (13 %) über 80-Jährige. Somit wird jede achte Person über 80 Jahre alt sein sowie jede dritte Person über 65 Jahre alt sein (31,7 %) (Statistisches Bundesamt, 2015). Die Pflegebranche steht angesichts der demographischen Veränderungen vor besonderen Herausforderungen. Das Statistische Bundesamt prognostiziert für das Jahr 2060 einen Anstieg der Anzahl an Pflegebedürftigen in Deutschland von 2 483 000 im Jahr 2010 auf 4 577 000 im Jahr 2060. Dies entspricht einer Erhöhung um 84 % der Anzahl der Pflegebedürftigen in Deutschland (Barmer GEK, 2014). Zudem ist bereits seit Jahren eine Zunahme an Alleinlebenden in Deutschland festzustellen: Während im Jahr 2000 17 % der Männer zwischen 65 und 79 Jahren allein lebten, wird im Jahr 2040 eine Verdopplung prognostiziert (Frevel, 2004). Nicht nur den Herausforderungen des demographischen Wandels gilt es zu begegnen, es bedarf auch effektiver Lösungen für die individuellen Ansprüche der älteren Generation. In einer Umfrage zu Wünschen der Menschen für das Alter, gaben 60 % der Probanden an, zuhause leben zu wollen (Senicur Altenpflege, 2009). So stellt sich die Frage: Wie kann es gelingen, der wachsenden Zahl an Senioren ein möglichst langes Leben in Selbstbestimmtheit in den eigenen vier Wänden zu ermöglichen?

Eine potentielle Lösung für die beschriebene Problematik bietet Senior Aid. Senior Aid leistet einen Beitrag zu intelligenten Dienstleistungen für Senioren. Ein Armband misst die Vitaldaten des Trägers in Echtzeit und alarmiert automatisch das Notfallservicecenter in lebensbedrohlichen Situationen.

Das übergeordnete Ziel dieser Arbeit ist es, die Value Proposition (deutsch: Werteversprechen) der IIOT-Lösung Senior Aid anhand eines theoretischen Geschäftsmodellansatzes detailliert darzustellen. Um dieses Ziel zu erreichen, behandelt die vorliegende Arbeit zwei zentrale Fragestellungen: Welche Komponenten beinhalten die gängigen Theorieansätze der Geschäftsmodellabbildung bzgl. der Value Proposition? Wie stiftet Senior Aid Nutzen für ihre Kunden?

Der Aufbau der vorliegenden Arbeit ist zweigeteilt. Der erste Teil der Arbeit widmet sich der Analyse der theoretischen Ansätze von Geschäftsmodellabbildungen, welche die Value Proposition als ein Kernelement betrachten. Die vier Ansätze zur Abbildung von Geschäftsmodellen (Osterwalder und Pigneur 2010; Chesbrough und Rosenbloom 2002, Johnson et al 2008 sowie Gassmann et al. 2013) werden anhand eines Beschreibungsrasters analysiert und anschließend miteinander verglichen. Der zweite Teil der Arbeit widmet sich der Darstellung der Value Proposition von Senior Aid anhand einer der vier Ansätze und fokussiert die Frage wie Senior Aid Wert für ihre Kunden generieren kann.

2 Bestehende Ansätze zur Abbildung von Geschäftsmodellen in Bezug auf die Value Proposition

In der Theorie sowie in der Praxis existiert eine Vielzahl an unterschiedlichen Ansätzen zur Abbildung von Geschäftsmodellen. Grundlage für die Einordnung der IIOT-Lösung Senior Aid ist die Analyse bestehender Ansätze von Geschäftsmodellen mit Schwerpunkt auf die Value Proposition. Im Folgenden werden verschiedene bekannte Ansätze aus der Theorie der Geschäftsmodellabbildung kurz dargestellt und miteinander auf der Basis eines Beschreibungsrasters verglichen. Dabei liegt der Fokus der Betrachtung in der Value Proposition. Neben den hier vier vorgestellten Ansätzen, existieren noch diverse andere Ansätze, welche die Value Proposition als ein Kernelement beinhalten (bspw. Stähler 2001; Petrovic et al. 2001; Anderson et al. 2006 etc.). Die Analyse beschränkt sich auf die vier ausgewählten Ansätze, welche sowohl in der Praxis als auch in der Theorie vielfach bekannt sind, eine Darstellung aller gängigen Ansätze würde den Rahmen der vorliegenden Arbeit überschreiten. Es besteht kein Anspruch auf eine allumfassende Darstellung aller Aspekte der Ansätze, vielmehr ist es das Ziel, die relevanten Kernpunkte zu verdeutlichen und im Anschluss daran die Value Proposition von Senior Aid als Beispiel in einen der zuvor vorgestellten Ansätze einzuordnen.

2.1 Das Beschreibungsraster für die bestehenden Ansätze

Um die verschiedenen Geschäftsmodellansätze in Bezug auf die Value Proposition einheitlich vergleichen zu können, wird die Beschreibung anhand eines bestimmten Rasters erfolgen. Anhand der drei Elemente sollen im Folgenden die Ansätze untersucht werden:

- Zielsetzung: Welches Ziel verfolgt der Ansatz?
- Definition der Value Proposition
- Bestandteile: Aus welchen Elementen setzt sich das Geschäftsmodell zusammen?

2.2 Ansatz von Osterwalder und Pigneur (2010)

In dem Buch „Business Model Generation" stellen Alexander Osterwalder und Yves Pigneur mit dem Business Model Canvas eine Methode zur Erstellung und Abbildung von Geschäftsmodellen dar. Das Business Model Canvas von Osterwalder und Pigneur hat das Ziel, Geschäftsmodelle systematisch neu zu erfinden, zu designen, abzubilden und zu implementieren (Osterwalder/Pigneur, 2010, S. 4). Das Business Model Canvas beruht auf den folgenden neun grundlegenden Bausteinen („building blocks"): Schlüsselpartnerschaften, Schlüsselaktivitäten, Schlüsselressourcen, Wertangebot (Value Proposition), Kundenbeziehung, Kundensegmente, Kanäle und Kosten- und Einnahmestruktur. Abbildung 1 zeigt das Business Model Canvas in Anlehnung an Osterwalder und Pigneur (2010).

Schlüsselpartner-schaften	Schlüsselaktivitäten	Wertangebot	Kundenbeziehungen	Kundensegmente
Schlüsselressourcen			Kanäle	
Kostenstruktur			Einahmestruktur	

Abbildung 1: Business Model Canvas nach Osterwalder und Pigneur (2010) (eigene Darstellung)

Die Value Proposition oder das Nutzenversprechen / Wertangebot stellt einen zentralen Teil des Modells dar. Es beinhaltet die Gesamtheit aller Produkte und Dienstleistungen, die für ein spezifisches Kundensegment Werte generieren (Osterwalder/Pigneur 2010, S. 23). Die Value Proposition beantwortet eine der wichtigsten Fragen die sich Start-ups oder auch Corporate Ventures zu Beginn an stellen sollten: Welche Werte generieren wir für den Kunden? Darüber hinaus sollten folgende Fragen durch die Value Proposition beantwortet werden: Welche der Probleme unseres Kunden helfen wir zu lösen? Welche Produkt-Dienstleistungspakete bieten wir jedem Kundensegment an? Welche Kundenbedürfnisse erfüllen wir? Nach Osterwalder und Pigneur (2010) ist das Nutzenversprechen dafür verantwortlich, für welches Unternehmen sich ein Kunde entscheidet. Dabei steht der Nutzen des Kunden im Vordergrund. Die Werte können sowohl quantitativ (z.b. Preis) als auch qualitativ (z.b. Design) sein (Osterwalder/Pigneur 2010, S. 24). Um für den Kunden Werte zu generieren, haben Osterwalder und Pigneur (2010, S. 24 f.) eine Reihe an wertgenerierenden Eigenschaften identifiziert, welche in der nachfolgenden Tabelle komprimiert dargestellt sind.

Neuheit	Ein Produkt oder eine Dienstleistung überzeugt durch seine Neuartigkeit und befriedigt ein Kundenbedürfnis, dessen die Kunden sich zuvor gar nicht bewusst waren.
Leistung	Werte können durch ein verbessertes Produkt oder eine höhere Dienstleistungsqualität entstehen.
Berücksichtigung von Kundenwünschen	Wert kann generiert werden, indem ein Produkt individuell auf die Kundenwünsche zugeschnitten wird.
Arbeitserleichterung	Die Value Proposition kann sich auch dadurch auszeichnen, dass es eine Arbeitserleichterung für den Kunden ermöglicht.
Design	Wert kann generiert werden durch ein überzeugendes Design.
Marke/Status	Bestimmte Marken markieren die Zugehörigkeit zu einer Gruppe und vermitteln Status.
Preis	Preissensitive Kunden können bei gleichbleibenden Wertangebot mit einem geringeren Preis bedient werden.
Kostenreduktion	Den Kunden dabei zu helfen Kosten einzusparen, kann Wert generieren.
Risikominderung	Wert kann generiert werden, wenn die Risiken verbunden mit einem Produktkauf vom Unternehmen gesenkt werden.
Verfügbarkeit, Erreichbarkeit	Wert kann generiert werden, wenn Produkte oder Dienstleistungen einem Kundensegment zur Verfügung gestellt werden, welche zuvor keinen Zugang hatten.
Bequemlichkeit/Anwenderfreundlichkeit & Vereinfachung	Wert kann generiert werden, indem Produkte anwenderfreundlicher werden.

Tabelle 1: Mögliche Eigenschaften der Value Proposition nach Osterwalder/Pigneur (2010, S. 24 f.) (eigene Darstellung)

Der Ansatz von Osterwalder und Pigneur (2010) ist ein vielfach zitiertes Beschreibungsraster für Geschäftsmodelle und findet in der Praxis häufig Anwendung.

2.2.1 Value Proposition Canvas nach Osterwalder et al. (2014)

Nachdem Osterwalder und Pigneur im Jahr 2010 in dem Buch „Business Model Generation" das Business Model Canvas vorgestellt hatten, ergänzte Osterwalder et al. im Jahr 2014 das Business Model Canvas mit dem Value Proposition Canvas, die beide Komponenten Kundensegmente und Werteversprechen miteinander verbindet. Anhang 1 zeigt die Value Proposition Canvas mit den beiden Blöcken „Kundensegmente" und „Value Proposition".

Auf der rechten Seite beschreibt die Value Proposition Canvas ein bestimmtes Kundensegment in Bezug auf ihre Aufgaben, Probleme und Nutzen. *Kundenaufgaben* beschreiben Aufgaben des Kunden, welche in einer bestimmten Situation gelöst werden sollen. Dabei werden neben den funktionalen Aufgaben auch die sozialen und emotionalen Grundbedürfnisse des Kunden angesprochen. Der *Schmerz* des Kunden steht für Hürden, welche die Kunden bei der Bewältigung ihrer Aufgaben zu meistern haben. Diese unangenehmen Situationen stehen in direkten Zusammenhang mit den Aufgaben des Kunden. Die dritte Dimension der Kundensegmente beschreibt den *Nutzen*, welchen sich der Kunde mit der Lösung eines Problems ersehnt (Osterwalder et al. 2014, S. 12 ff.).

Auf der linken Seite wird die Sicht des Anbieters beschrieben. Die *Produkte und Dienstleistungen*, welche das Werteversprechen erfüllen sollen, werden den jeweiligen Kundensegmenten zugeschnitten. Die *Schmerzkiller* beschreiben wie diese Angebote eines oder mehrere Probleme des Kunden lösen, während die *Nutzenstifter* beschreiben welchen Nutzen die Produkte und Services dem Kunden bieten (Osterwalder et al. 2014, S. 31ff.).

Das Ziel der Value Proposition Canvas ist es die Probleme und die Aufgaben der jeweiligen Kundengruppe individuell zu verstehen und daraufhin die *Produkte und Dienstleistungen* dementsprechend anzupassen.

2.3 Ansatz von Chesbrough und Rosenbloom (2002)

Chesbrough und Rosenbloom (2002) entwickelten ein Geschäftsmodell, welches sicherstellt dass die technologische Innovation Wert für den Kunden generiert. Dabei erzeugt ein erfolgreiches Geschäftsmodell eine heuristische Logik, welche das technische Innovationspotential mit der Realisierung von ökonomischen Wert verbindet (2002, S. 529). Nach Chesbrough und Rosenbloom (2002, S. 533) besteht ein Geschäftsmodell aus verschiedenen Funktionen: Ein Geschäftsmodell

- artikuliert die Value Proposition, indem Produkte und Dienstleistungen auf den Markt gebracht werden, die Werte für den Kunden generieren.
- identifiziert ein Marktsegment. Potentielle Kunden werden identifiziert und der Mechanismus zur Erzielung von Einnahmen wird spezifiziert.
- definiert die Struktur der Wertschöpfungskette innerhalb des Unternehmens, welches für die Produkt- und Dienstleistungsangebote benötigt wird.
- bewertet die Kosten- und Einnahmestruktur.
- beschreibt die Firmenposition innerhalb des Wertschöpfungsnetzwerks (z.B. Lieferanten, Kunden und Wettbewerbern).
- definiert die Wettbewerbsstrategie.

Chesbrough und Rosenbloom (2002) sehen die Value Proposition ebenfalls als ein zentrales Element des Geschäftsmodells. Nach dem Ansatz von Chesbrough und Rosenbloom beginnt das Geschäftsmodell mit der Wertgenerierung für die Kunden und konstruiert das restliche Geschäftsmodell um die Value Proposition (2002, S. 535).

2.4   Ansatz nach Johnson et al. (2008)

Johnson et al. (2008, S. 60) entwickelten ein Geschäftsmodell-Ansatz, welcher beschreibt, welchen Nutzen ein Unternehmen für den Kunden schafft, wie es seine Wertschöpfung gestaltet und aus welchen Quellen es Einnahmen generiert. Für Johnson et al. (2008, S. 60 f.) besteht ein Geschäftsmodell aus vier ineinandergreifenden Elementen: Dem Werteversprechen für die Kunden, dem Profitmodell, den Schlüsselressourcen und den Schlüsselprozessen. Das Werteversprechen der Kunden beschreibt die Fähigkeit eines Unternehmens Probleme bzw. Aufgaben der Kunden zu lösen. Dabei muss das Unternehmen zunächst die Situation der Kunden beobachten und analysieren und im Anschluss daran eine zugeschnittene Lösung anbieten. Während das Werteversprechen und der Profit den Wert für die Kunden und das Unternehmen definieren, beschreiben die Schlüsselressourcen und die Schlüsselprozesse, wie dieser Wert für das Unternehmen und die Kunden generiert wird. In Anhang 2 sind die vier ineinandergreifenden Elemente eines Geschäftsmodells nach Johnson et al. (2008) dargestellt.

2.5   Ansatz der Universität St. Gallen (2013)

Das sogenannte BMI-Lab, ein Teil des Instituts für Technologie Management der Universität St. Gallen, hat im Jahr 2013 den St. Gallen Business Model Navigator veröffentlicht. Die Zielsetzung des Business Model Navigators ist die Möglichkeit ein Geschäftsmodell sowohl einfach als auch ganzheitlich abzubilden. Gassmann et al. (2013, S. 2) beschränken sich auf vier Dimensionen, welche in einem magischen Dreieck (siehe Anhang 3) dargestellt sind. Der Business Model Navigator setzt sich mit vier Fragestellungen (Dimensionen) auseinander:

1. Wer ist unser Zielkunde?
   In der ersten Dimension positioniert Gassmann et al. (2013) diese Frage in den Mittelpunkt des magischen Dreiecks und somit in das Zentrum des Geschäftmodells.
2. Was bieten wir dem Kunden an?
   In der zweiten Dimension steht die Value Proposition im Vordergrund.
3. Wie stellen wir das Wertangebot her?
   Die dritte Dimension beinhaltet die Wertschöpfungskette der Prozesse und Aktivitäten, welche notwendig sind um die Value Proposition zu erfüllen.
4. Wie werden Einnahmen erzielt?
   Die vierte Dimension beschäftigt sich mit der Ertragsmechanik. Hier ist die Einnahme- und Kostenstruktur abgebildet.

Gassmann et al. (2013) haben sich bewusst für eine vereinfachte Darstellung eines Geschäftsmodells entschieden, um eine gezielte Fokussierung auf die relevanten Elemente zu erreichen. Auch für Gassmann et al. (2013) gehört die Value Proposition zu einen der Kernelemente eines erfolgreichen Geschäftsmodells und sollte zu Beginn an vom Unternehmen definiert werden.

2.6 Vergleich der Ansätze

Im Folgenden wird anhand der drei Elemente des Beschreibungsrasters die vier vorgestellten Ansätze in tabellarischer Form miteinander verglichen. Tabelle 2 stellt den Vergleich der behandelten Ansätze nach der Zielsetzung der Geschäftsmodellabbildung sowie der Definition und den Bestandteilen der Value Proposition dar.

	Osterwalder und Pigneur (2010)	Chesbrough und Rosenbloom (2002)	Johnson et al. (2008)	St. Gallen Business Model Navigator (2013)
Zielsetzung der Geschäftsmodell-abbildung	Systematische Neuerfindung, Design, Abbildung, Implementierung mit dem Business Model Canvas (neun „building blocks")	Geschäftsmodell, welches technische Innovation mit ökonomischem Wert verbindet	Erfolgreicher Geschäftsmodell-Ansatz besteht aus vier ineinander-greifenden Elementen	Vereinfachte Entwicklung und Darstellung mittels eines magischen Dreiecks
Definition der Value Proposition	„ Das Nutzenversprechen beschreibt die Gesamtheit aller Produkte und Dienstleistungen, welche für ein spezifisches Kundensegment Werte generieren" (2010, S. 23)	„ Das Nutzen-versprechen beschreibt die Wertschöpfung für Kunden, welche von dem Technologieangebot generiert wird" (2002, S. 533)	„ Das Kunden-Nutzenversprechen beschreibt wie Nutzen für die Kunden generiert wird, indem das Unternehmen einen Weg gefunden hat Aufgaben des Kunden zu erledigen" (2008, S. 60)	„ Das Nutzenversprechen kann definiert werden als ein ganzheitlicher Ansatz aller Produkte und Services, welche Wert für den Kunden generieren" (2013, S. 2)
Bestandteile (Elemente) der Value Proposition	Die Value Proposition als ein zentrales Element der neun Elemente eines Geschäftsmodells mit vier Fragestellungen: 1. Welche Werte generieren wir für den Kunden? 2. Welche der Probleme unseres Kunden helfen wir zu lösen? 3. Welche Produkt-Dienstleistungspakete bieten wir jedem Kundensegment an? 4. Welche Kundenbedürfnisse erfüllen wir? Neun charakteristische Elemente: Neuheit, Berücksichtigung von Kundenwünschen, Arbeitserleichterung, Design, Marke und Status, Preis, Kostenreduktion, Risikominderung, Verfügbarkeit, Anwenderfreundlichkeit & Vereinfachung Zusätzliche Methode Value Proposition Canvas 2014	Die Value Proposition als eine zentrale Funktion der sechs Funktionen eines Geschäftsmodells	Die Customer Value Proposition (CVP) besteht aus dem Zielkunden, den zu lösenden Aufgaben und den Angeboten des Unternehmens	Die Value Proposition als eine zentrale Fragestellung der vier Fragen: Was bieten wir dem Kunden an?

Tabelle 2: Vergleich der Ansätze einer Geschäftsmodellabbildung mit Fokus auf die Value Proposition (eigene Darstellung)

Die vorgestellten Ansätze zeigen sowohl Gemeinsamkeiten als auch Unterschiede. Während sich die Zielsetzung der Ansätze sowie die Definitionen der Value Proposition nur geringfügig voneinander unterscheiden, existieren Unterschiede innerhalb der Elemente, die eine Value Proposition beinhaltet.

Auffällig ist, dass alle vier Ansätze die Value Proposition als eines der zentralen Elemente ansehen und sie aufgrund dessen in das Zentrum des Geschäftsmodells positionieren. Besonders umfassend sind die Ausführungen von Osterwalder und Pigneur (2010), welche sich intensiv mit der Bedeutung der Value Proposition für ein erfolgreiches Geschäftsmodell auseinander gesetzt haben.

In Anlehnung an die Ausführungen von Osterwalder und Pigneur (2010) wird im Folgenden die Value Proposition der IIOT-Lösung von Senior Aid in das theoretische Gefüge eingeordnet. Die Ausführungen der Value Proposition von Osterwald und Pigneur (2010) sind sehr detailliert und ermöglichen somit eine möglichst umfassende Darstellung des Nutzenversprechens von Senior Aid. Zudem stellt der Value Proposition Canvas-Ansatz eine zusätzliche Methode dar, um die Value Proposition des Unternehmens möglichst zielgenau auf die Bedürfnisse der Kunden anzupassen.

3   Value Proposition am Beispiel von Senior Aid

3.1   Kurze Darstellung der IIOT-Lösung Senior Aid

Senior Aid wurde als eine IIOT-Lösung für ein deutsches Industrieunternehmen von einem Beraterteam einer großen Technologie- und Unternehmensberatung erarbeitet. Unter dem Oberbegriff „Altersgerechte Assistenzsysteme für ein selbstbestimmtes Leben (AAL)" lässt sich die IIOT-Lösung Senior Aid einordnen. Die Altersgerechten Assistenzsystemen befassen sich mit der demografisch bedingten alternden Gesellschaft und entwickeln Lösungsansätze für intelligente Assistenzsysteme, die älteren Menschen den Alltag erleichtern sollen. Dabei handelt es sich um altersgerechte Assistenzsysteme der Mikrosystemtechnik und Informationstechnik in Kombination mit Dienstleistungsangeboten (Bundesministerium für Bildung und Forschung, 2012). Die oberste Zielsetzung von Senior Aid ist die Motivation diesen Menschen in ihrem Alltag mehr Sicherheit in den eigenen vier Wänden und auch außerhalb der Wohnung zu bieten. Senior Aid besteht aus drei Komponenten: dem Senior Aid Armband, der Senior Aid App sowie der Senior Aid Dienstleistung. Das Senior Aid Armband mit den eingebetteten Sensoren (Puls-, Sauerstoffsättigungs- und Hautleitfähigkeitssensor) gehört zu der körpernahen Sensorik, welche medizinische Daten misst. Es benachrichtigt automatisch das Servicecenter, sobald die Vitalwerte des Armbandträgers von einem zuvor definierten Normbereich abweichen. Das Armband misst 24 Stunden am Tag die Vitalwerte des Trägers und überträgt diese an das Servicecenter sowie an die Senior Aid App. Die Senior Aid App ergänzt das Leistungsspektrum durch die Tagebuchfunktion, die Vitaldatenablese und der individuellen Gesundheitsreporterstellung. Die Senior Aid Dienstleistung beschreibt die Aufgaben der Mitarbeiter im Servicecenter, wie bspw. die Benachrichtigung des Rettungsdienstes als auch der Angehörigen im Notfall.

Senior Aid leistet sowohl einen Wertbeitrag für B2B-Kunden wie Versicherungen, Pflegedienstleister und Krankenhäuser durch den Erwerb aggregierter oder personalisierter Daten als auch für B2C-Kunden wie den Senioren und den Angehörigen der Senioren. Dabei profitieren die Kunden von Senior Aid von einer Vielzahl an Vorteilen, welche in Kapitel 3.2 detailliert dargestellt werden. Anhang 4 stellt Senior Aid auf einen Blick dar.

3.2 Einordnung der Value Proposition von Senior Aid in das Value Propostion Canvas (2014) und das Business Model Canvas (2010)

3.2.1 Value Proposition von Senior Aid für B2C-Kunden

Die Value Propostion von Senior Aid soll im Folgenden für das Kundensegment der Senioren anhand der Value Proposition Canvas von Osterwalder et al. (2014) dargestellt werden. Das Kundensegment der Angehörigen wird nicht behandelt, da es den Rahmen der Arbeit überschreiten würde. Anschließend wird die Value Proposition Senior Aids in die Geschäftsmodellabbildung von Osterwalder und Pigneur (2010) mit ihren charakteristischen Elementen eingeordnet. Abbildung 2 stellt die Value Proposition Canvas von Senior Aid in Bezug auf den B2C-Kunden, dem Senior, dar.

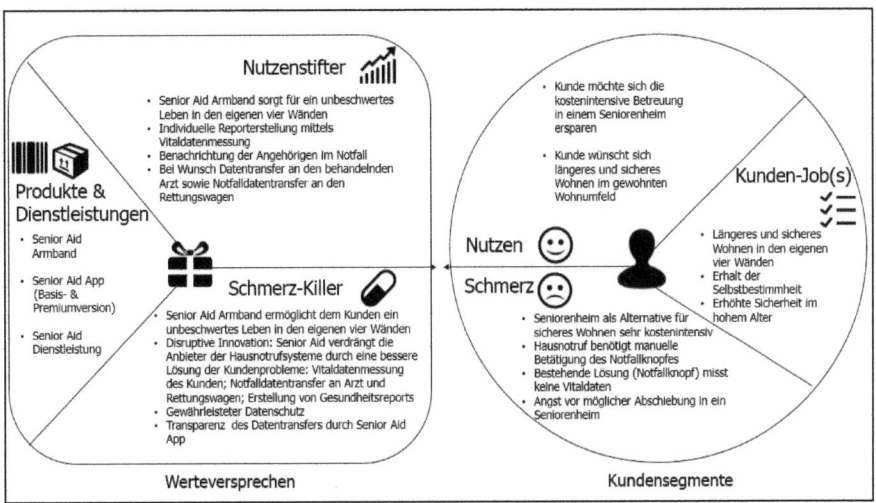

Abbildung 2: Value Proposition Canvas des B2C-Kunden, dem Senior, von Senior Aid nach Osterwalder et al. (2014) (eigene Darstellung)

Die Value Proposition Canvas wird von rechts nach links konstruiert, um dem Kunden individuell zugeschnittene Produkte und Dienstleistungen anbieten zu können. Im Folgenden werden die einzelnen Dimensionen der Kundensegmente und der Werteversprechen erläutert.

Die rechte Seite des Value Proposition Canvas widmet sich dem Kundensegment der Senioren. Senior Aid richtet sich primär an die ältere Bevölkerung (55+), welche in Deutschland mit mehr als 28 Millionen, 35 % der Bevölkerung ausmacht (Statistisches Bundesamt, 2015). Das Kundensegment beinhaltet neben den zu lösenden *Kundenaufgaben* auch die mit diesen Aufgaben assoziierten *Schmerzen* und *Nutzen* des Kunden.

Unser Kunde, der Senior, beschäftigt sich mit der Problematik, wie ein längeres aber zugleich sicheres Leben in den eigenen vier Wänden möglich sein könnte. Dabei möchte der Senior sowohl seine Selbstbestimmtheit behalten als auch von einer erhöhten Sicherheit im gewohnten Wohnumfeld profitieren. Nach einer Statistik aus dem Jahr 2014 in der Schweiz, durchgeführt an Menschen im Alter von 45-85 Jahren, gaben 59 % der Probanden an ihre frühere Wohnsituation auch im Rentenalter beibehalten zu wollen (UBS, 2014). Auf Grundlage dieser *Kundenjobs* gilt es zugeschnittene *Produkte und Dienstleistungen* zu kreieren.

8

Der *Schmerz* steht in Zusammenhang mit den *Kundenjobs* und stellt negative Emotionen und unerwünschte Kosten dar. Beispielsweise stellt das Seniorenheim im Vergleich zu Senior Aid eine kostspielige Alternative für sicheres Wohnen auch im hohen Alter dar. Bei Pflegestufe 1 belaufen sich die durchschnittlichen Kosten der vollstationären Pflege auf monatlich 2300 €. Von der gesetzlichen Pflegeversicherung werden davon bis zu 1023 € übernommen. Somit ergibt sich eine Selbstbeteiligung von 1277 € pro Person (MLP, 2007). Eine weitere Alternative für sicheres Wohnen stellt das Hausnotrufsystem mit dem Notfallknopf dar. Ein Hausnotrufsystem besteht aus einer Basisstation, die an das Telefon angeschlossen ist, und einem Sender, der an einer Kette um den Hals getragen wird. Im Bedarfsfall kann schnell per Knopfdruck Hilfe gerufen werden. Wenn es nötig ist, benachrichtigt die Notrufzentrale Angehörige oder Personen in der Nachbarschaft und schickt einen Rettungswagen (Bundesministerium für Familie, Senioren, Frauen und Jugend, 2015). Ein Problem stellt allerdings die manuelle Betätigung des Knopfes dar, welche beispielsweise im Falle eines Schlaganfalls nicht immer möglich ist. Neben der Problematiken der manuellen Betätigung des Notfallknopfes, mangelt es dem Hausnotrufsystem zudem an technischer Innovation. Bspw. misst der Notfallknopf keine Vitaldaten des Trägers und generiert keine Gesundheitsdaten.

Der *Nutzen* stellt die Erwartungshaltung des Kunden in Zusammenhang mit der Lösung der Kundenaufgaben dar. Zum einen möchte sich der Senior die kostenintensive Betreuung im Seniorenheim ersparen. Zum anderen möchte er zugleich eine Lösung für seine Problematik, die es ihm ermöglicht sicher und länger zuhause wohnen zu können.

Auf der linken Seite wird das Werteversprechen des Unternehmens dargestellt in Bezug auf die zu erledigenden *Kundenjobs*.

Senior Aid bietet sowohl ein *Produkt* als auch eine *Dienstleistung* an. Zu den Leistungen von Senior Aid gehört neben dem Senior Aid Armband mit den eingebetteten Sensoren und der dazugehörigen Senior Aid App auch die Senior Aid Dienstleistung. Das Senior Aid Armband ermöglicht die Messung der Vitaldaten des Seniors und überträgt diese Daten per W-LAN oder mobilem Netz an die Senior Aid App. Die oberste Zielsetzung des Senior Aid Armbands ist der reibungslose Transfer der Vitaldaten an das Notfallservicecenter. Die Senior Aid App kann entweder als Basisversion oder als Premium Version (Senior Aid App Pro) genutzt werden. Die Basisversion beinhaltet eine Tagebuchfunktion sowie die Vitaldatenanzeige. In der Senior Aid Pro Premiumversion zahlt der Senior zusätzlich monatlich 5,99 €, um individuelle Gesundheitsreports erstellen und einsehen zu können. Die Senior Aid Dienstleistung stellt die Aufgaben der Mitarbeiter im Notfallservicecenter dar. Die Mitarbeiter im Servicecenter sind beispielsweise dafür verantwortlich den Rettungsdienst zu rufen und Angehörige im Notfall zu kontaktieren.

Die *Schmerzkiller* zeigen, auf welche Art und Weise die *Produkte und Dienstleistungen* die Probleme der Kunden lösen und beschreiben wie das Angebot negative Situationen verhindert. Durch das Senior Aid Armband kann der Senior unbeschwert in den eigenen vier Wänden wohnen, da im Notfall automatisch das Servicecenter kontaktiert wird. Das Servicecenter kann bei Einwilligung des Seniors die Notfalldaten (Vitaldaten des Seniors zum Zeitpunkt des Notfalls, Allergien, Blutgruppe etc.) an den Rettungswagen schicken und bietet dem Senior eine erhöhte Sicherheit. Den Zugriff auf diese Notfalldaten bspw. für den behandelnden Arzt oder den Rettungswagen kann der Senior selbstbestimmt verwalten. Somit kann der Senior

9

oder ein Angehöriger über den Zugriff eigenverantwortlich entscheiden und hat nicht das Gefühl bevormundet zu werden.

Die *Nutzenstifter* von Senior Aid stellen dar, wie das Leben der Kunden erleichtert wird und wie Senior Aid die Kundenbedürfnisse erfüllt. Das Senior Aid Armband befriedigt das Grundbedürfnis des Seniors: Das selbstbestimmte Leben in den eigenen vier Wänden auch im hohen Alter. Durch die 24 Stunden Vitaldatenmessung des Trägers kann der Senior angstfrei im gewohnten Wohnumfeld leben. Die Vitalparameter werden dabei im gegenseitigen Kontext betrachtet werden, um für den Senior ein Gesundheitsprofil erstellen zu können. Durch die Senior Aid Dienstleistung wird die Sicherheit des Seniors gewährleistet. Die Mitarbeiter im Servicecenter sind verantwortlich für die Benachrichtigung des Rettungsdienstes und der Angehörigen im Notfall, den Notfalldatentransfer (Vitaldaten des Seniors zum Zeitpunkt des Notfalls sowie Blutgruppe, Allergien etc.) an den behandelnden Arzt bzw. Rettungsdienst sowie die Erstellung der Gesundheitsreports. Die Senior Aid App ermöglicht dem Senior seine Vitalwerte zu unterschiedlichen Zeitpunkten einzusehen als auch die Möglichkeit sein Ess-und Bewegungsverhalten dokumentieren zu können. Die Tagebuchfunktion ermöglicht das Sammeln von Kontextdaten zur Erkennung von Trends und zur Reaktion mit Präventionsmaßnahmen. Mittels der Kontextdaten und der Vitaldaten können individuelle Reports erstellt werden, um den Senior bestmöglich über den eigenen Gesundheitsstand zu informieren. Durch die permanente Vitaldatenüberwachung werden Gesundheitsdaten aggregiert und Muster erkannt. Diese Gesundheitsreports ermöglichen dem Senior seine Gewohnheiten und seine Gesundheit zu reflektieren und Zusammenhänge zwischen Wohlbefinden/Missempfinden und verschiedenen Aktivitäten zu erkennen. Falls negative Zusammenhänge identifiziert werden, kann der Senior sein Verhalten anpassen. Die Senior Aid App leistet zudem einen Wertbeitrag durch die Einpflege der Notfalldaten wie bspw. Allergien und Medikamenteneinnahmen, um im Ernstfall von einer erhöhten Sicherheit zu profitieren.

Abbildung 6 zeigt die Value Proposition von Senior Aid eingeordnet in die Geschäftsmodellabbildung nach Osterwalder und Pigneur (2010).

Abbildung 3: Die Value Proposition von Senior Aid anhand der Geschäftsmodellabbildung von Osterwalder und Pigneur (2010)

10

Die Value Proposition von Senior Aid für das Kundensegment der Senioren beinhaltet primär fünf der elf von Osterwalder und Pigneur (2010) identifizierten Elementen, die für ein bestimmtes Kundensegment Wert schöpft. Von den elf Elementen, generiert Senior Aid vor allem Wert durch die Leistung, die Berücksichtigung von Kundenwünschen, den Preis, die Kostenreduktion sowie die Bequemlichkeit und Anwenderfreundlichkeit. Abbildung 4 zeigt diese fünf wertschöpfenden Elemente der Value Proposition von Senior Aid für das Kundensegment der Senioren.

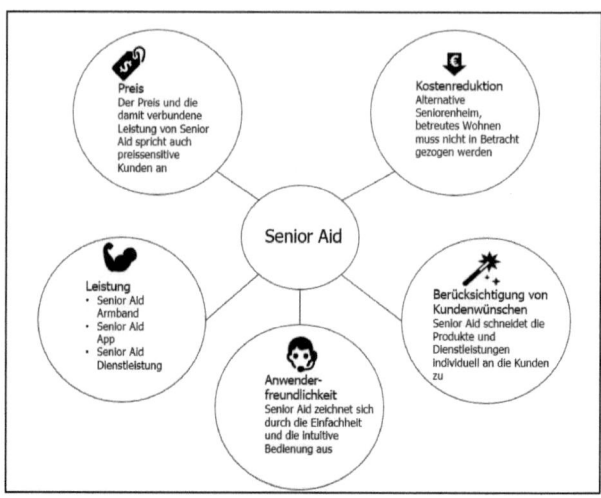

Abbildung 4: Die fünf charakteristischen wertschöpfenden Elemente von Senior Aid für das Kundensegment des Seniors nach Osterwalder und Pigneur (2010) (eigene Darstellung)

Der Preis von Senior Aid (50 € monatlich) für die Senior Aid Dienstleistung und das Senior Aid Armband spricht auch preissensitive Kunden an. Nach einem ersten Stimmungsbild durchgeführt an 18 Teilnehmern im Alter von 55 bis 90 Jahren lag der Median der Zahlungsbereitschaft bei 59 Euro. Senior Aid liegt mit 50 Euro unter diesem Preis und erzielt somit eine positive Konsumentenrente, da der Kunde bereit wäre mehr zu bezahlen und der Marktpreis unterhalb dieser Zahlungsbereitschaft liegt.

Senior Aid generiert zudem Wert durch die Reduktion der Kosten für ihre Kunden. Bei fortschreitendem Alter hat der alleinlebende Senior das betreute Wohnen und das Seniorenheim als Alternative für sicheres Wohnen. Durch die Nutzung von Senior Aid erspart sich der Senior im Durchschnitt mehr als 95 % der Kosten (Vergleich jährliche Kosten für Senior Aid mit jährlichen Kosten für ein Seniorenheim).

Die IIOT-Lösung Senior Aid wurde nach dem Design Thinking Ansatz, dem Lösen von Problemen und der Entwicklung neuer Ideen, kreiert. Senior Aid berücksichtigt die Wünsche der Kunden und löst die Problematik des sicheren Wohnens auch im hohen Alter.

Senior Aid zeichnet sich zudem durch die einfache anwenderfreundliche Bedienbarkeit aus. Das Senior Aid Armband bedarf keiner technischen Vorkenntnisse. Die Senior Aid App ist leicht und intuitiv zu bedienen. Die wichtigen Funktionen stehen im Vordergrund und werden seniorengerecht visuell dargestellt. Die Gesundheitsreports werden kundengerecht aufbereitet, indem unnötige Informationen eliminiert werden. Falls

11

der Senior trotz dessen Schwierigkeiten mit der Bedienung der Senior App hätte, kann er sich an das Servicecenter richten. Zu erwähnen ist, dass die Senior Aid App nicht vom Senior genutzt werden muss.

Das Leistungsspektrum von Senior Aid beinhaltet neben dem Senior Aid Armband und der Senior Aid App auch die Senior Aid Dienstleistung. Durch die Kombination der drei Elemente kann Senior Aid eine bessere Leistung als ihre Wettbewerber erzeugen. Ein Wettbewerber von Senior Aid stellt beispielsweise Garmin Vivosmart dar (Fitness-Tracker mit Herzfrequenzmessung am Handgelenk und GPS). Dieses Wearable misst ebenfalls wie das Senior Aid Armband Vitalwerte wie die Herzfrequenz und transferiert diese Daten an mobile Endgeräte. Allerdings löst es keinen Alarm aus falls der Träger sich unwohl fühlt. Der Notfallknopf der Johanniter als weiterer Wettbewerber richtet sich ebenfalls wie Senior Aid an die Senioren und Ihren Wunsch sicherer in den eignen vier Wänden zu wohnen. Durch die manuelle Betätigung des Notfallknopfes bieten die Johanniter eine schlechtere Leistung an als Senior Aid. Durch die Senior Aid Dienstleistung wie bspw. dem Erstellen von Gesundheitsreports hebt sich Senior Aid ebenfalls von Wettbewerbern ab.

3.2.2 Value Proposition von Senior Aid für die verschiedenen Kundensegmente

Senior Aid wurde auf Grundlage der Problematiken von Senioren konstruiert und wendet sich neben dem Senior aber auch an andere Zielgruppen. Abbildung 5 stellt die Value Proposition von Senior Aid für die verschiedenen Kundensegmente auf einen Blick dar.

Abbildung 5: Die Value Proposition von Senior Aid für die verschiedenen Kundensegmente (eigene Darstellung)

4 Ausblick

Die in dieser Arbeit vorgestellte Value Proposition von Senior Aid für die verschiedenen Kundensegmente, kann in Zukunft durch zusätzliche wertschöpfende Elemente ergänzt werden. Geplant sind neben der Erschließung internationaler Märkte, die Vernetzbarkeit mit Smart Living Objekten wie beispielsweise von Whithings. Die Senior Aid App wird in Zukunft verschiedene Smart Living Objekte unterstützen, um dem Senioren ein noch aussagekräftigeres Gesamtbild ihrer Gesundheit bieten zu können. Zudem ist der Ausbau nach der individuellen Anpassung der Sensoren im Armband geplant (krankheitsspezifische Anpassung des Sensorpakets). Die Erfassung von zusätzlichen Vitalparametern wie beispielsweise der Körpertemperatur oder der Atemfrequenz führt zu qualitativ aussagekräftigeren Gesundheitsreports und zu einer Individualisierung der Produkt- und Dienstleistungsangebote. Durch Data-Mining Techniken können neue Zusammenhänge und Trends ermittelt werden. Zum Ausbau der Value Proposition von Senior Aid ist die Vernetzbarkeit mit anderen Apps zur Gewinnung von zusätzlichen Kontextdaten in Zukunft geplant. Mögliche vernetze Apps könnten Wetter-Apps und verschiedene eHealth Apps sein. Durch die erhöhte Interoperabilität verbessert Senior Aid den Nutzen der Kunden und erhöht die Akzeptanz bei den Anwendern. Ziel ist es, die vom Kunden erfassten Daten mit möglichst vielen Apps von Leistungsanbietern zu verknüpfen, um durch die erweiterte Informationsbasis Nutzen für den Anwender zu generieren. Das große Marktpotential von körpernaher Sensorik durch das immer größer werdende Gesundheitsbewusstsein der Bevölkerung und das daraus resultierende Streben nach der Erfassung von Vitalparametern, bietet Senior Aid die Möglichkeit des langfristigen Erfolgs.

Anhang

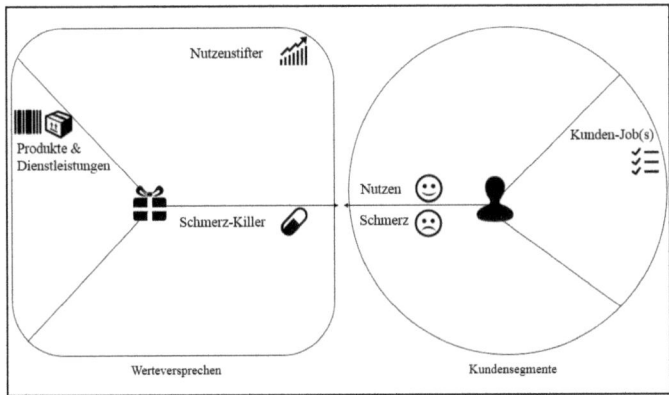

Anhang 1: Die Werteverprechen-Leinwand nach Osterwalder et al. (2014, S. 8 f.) (eigene Darstellung)

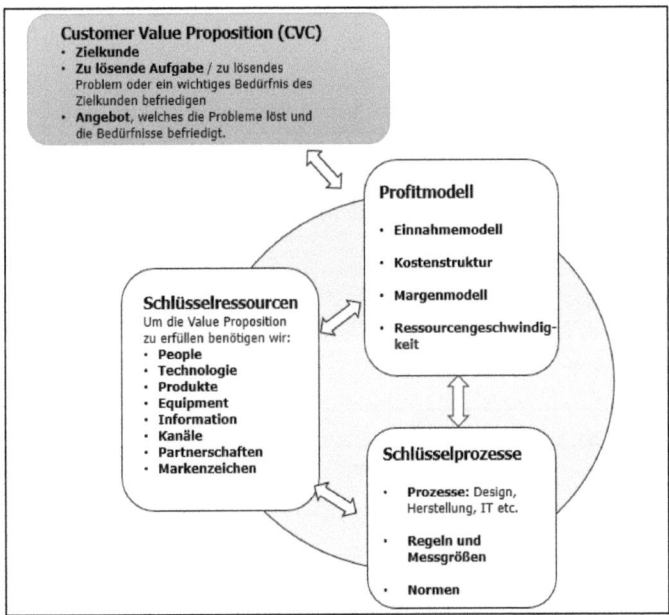

Anhang 2: Elemente eines erfolgreichen Geschäftmodells nach Johnson et al. (2008, S. 62) (eigene Darstellung)

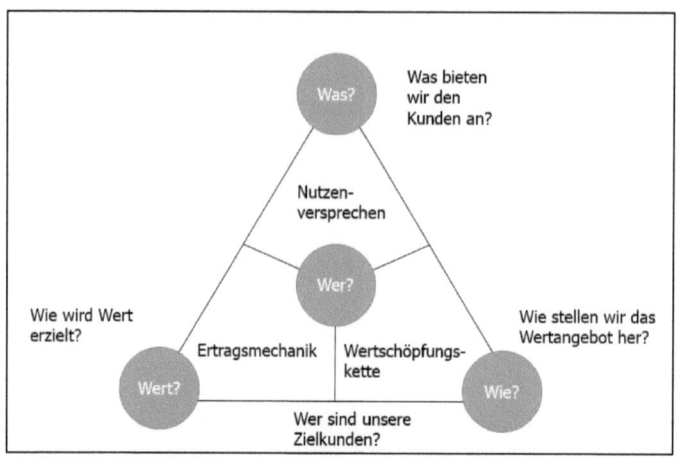

Anhang 3: Geschäftsmodelldefinition – das magische Dreieck nach Gassmann et al. (2013, S. 2) (eigene Darstellung)

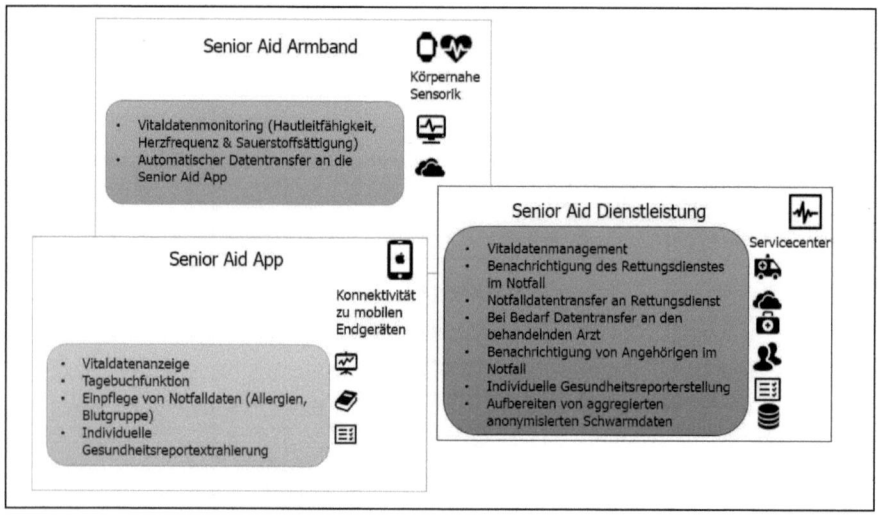

Anhang 4: Senior Aid auf einen Blick (eigene Darstellung)

Referenzen

Anderson, James C., Narus James A., van Rossum, Wouter, 2006. Customer Value Propositions in Business Markets. Harvard Business Review 84 (3), 91 - 99

Barmer GEK, 2014. Prognostizierte Anzahl von Pflegebedürftigen in Deutschland nach Bundesländern in den Jahren 2010 und 2060 (in 1.000) in: Barmer GEK - Pflegereport 2014, Seite 73

Bundesministerium für Bildung und Forschung, 2012. Projektreport – SmartSenior: Intelligente Dienste und Dienstleistungen für Senioren.

Bundesministerium für Familie, Senioren, Frauen und Jugend, 2015. Länger zuhause leben – Ein Wegweiser für das Wohnen im Alter. 7. Auflage. Frankfurt am Main: Zarbock GmbH & Co. KG

Chesbrough, Henry, Rosenbloom, Richard S., 2002. The role of the business model in capturing value from innovation: evidence from Xerox Corporation's technology spin-off companies. Industrial and Corporate Change 11 (3), 529-555

Daugherty, Paul, Berthon, Bruno, 2015. Winning with the Industrial Internet of Things – How to accelerate the journey to productivity and growth. Accenture.

Frevel, Bernhard. 2004. Herausforderung demographischer Wandel. 1 Auflage. VS Verlag für Sozialwissenschaften/GWV Fachverlage GmbH Wiesbaden

Gassmann, Oliver, Frankenberger, Karolin, Csik, Michaela, 2013. The St. Gallen Business Model Navigator. Working Paper. University of St. Gallen. BMI lab.

Johnson, Mark W., Christensen, Clayton M, Kagermann, Henning, 2008. Reinventing your Business Model. Harvard Business Review 68 (12), 58-68

MLP, 2007. Durchschnittliche monatliche Pflegekosten (in Euro) für die vollstationäre Versorgung eines Pflegefalls nach Pflegestufen (Stand: 2007) zitiert nach de.statista.com, http://de.statista.com/statistik/daten/studie/73156/umfrage/durchschnittliche-kosten-fuer-einen-pflegefall-pro-monat/, Abruf am 12.08.2016 um 17:01 Uhr

Osterwalder, Alexander, Pigneur, Yves, 2010. Business Model Generation: A Handbook for Visionaries, Game Changers, and Challengers. John Wiley & Sons, Hoboken, New Jersey.

Osterwalder, Alexander, Yves Pigneur, Bernada, Greg, Smith, Alan, 2014. Value Propostion design. How to create products and services customers want. Hoboken, NJ: Wiley.

Petrovic, Otto, Kittl, Christian, Teksten, Ryan D., 2001. Developing Business Models for eBusiness. Proceedings of the International Conference on Electronic Commerce.

Senicur Altenpflege, 2009. Was sind ihre wichtigsten Wünsche für das Alter? In: Grauen vor dem Alter zitiert nach de.statista.com, http://de.statista.com/statistik/daten/studie/5517/umfrage/wuensche-fuer-das-alter/, Abruf am 13.08.2016, 17:00 Uhr

Statistisches Bundesamt, 2015. Altersstruktur der Bevölkerung in Deutschland zum 31. Dezember 2014 zitiert nach de.statista.com, http://de.statista.com/statistik/daten/studi e/1351/umfrage/ altersstruktur-der-bevoelkerung-deutschlands/, Abruf am 12.08.2016, 15.00 Uhr

Statistisches Bundesamt, 2015. Bevölkerung Deutschlands bis 2060. 13. koordinierte Bevölkerungsvorausrechnung. Wiesbaden

Stähler, Patrick, 2001. Geschäftsmodelle in der digitalen Ökonomie. Merkmale, Strategien und Auswirkungen. MCM. St. Gallen, University of St. Gallen HSG.

Teece, David, 2010. Business Models, Business Strategy and Innovation. Long Range Planning 43, 172-194

UBS, 2014. 80 ist das neue 60: Was erachten Sie für Ihre Wohnsituation im Rentenalter als wichtig? Zitiert nach de.statista.com, http://de.statista.com/statistik/daten/studie/354527/umfrage/wichtigkeit-von-faktoren-fuer-die-wohnsituation-im-alter-in-der-schweiz/, Abruf am 12.08.2016, 16:12